«Leise rieselt der Schnee»

Vo Anisbrötli
bis Zitrone-Sternli

51 Weihnachtsguetsli-Rezepte

*zusammengestellt
von Karin Messerli
illustriert
von Bettina Rigoli*

WERDVERLAG

© 1994 Benteli-Werd Verlags AG, Zürich

Idee und Text: Karin Messerli, Zürich
Illustrationen: Bettina Rigoli, Zürich
Gestaltung: André Reymond, Zürich
Lektorat: Christina Sieg, Berikon

ISBN 3 85932 154 4

Inhalt

Eine Vorgeschichte

Von guten Feen, listigen Trollen und boshaften Geistern

Meistens in der Nacht kamen diese Gelüste. Mit klopfendem Herzen durch finstere Kellergänge bis in die Backstube. Wo hoch oben riesige Blechdosen schlummerten. Mit süssem Inhalt, der eigentlich für ganz anderes bestimmt war. Bis Weihnachten sollten die Blechdosen nicht geöffnet werden.

Im Finsteren war nicht auszumachen, welche Dose an diesem Abend erleichtert wurde. War es die dritte von links, die siebte von rechts? Nichts wie los, Deckel auf, vorsichtig hineingreifen, nicht zu schüchtern. Und dann wieder zurück in die Zimmer, wo die gerade erbeuteten Schätze bei Licht ausgebreitet wurden.

So wurde Lage um Lage still weggeputzt. Und niemand hat es gemerkt. Oder doch? Es gehörte wohl einfach dazu, diese Weihnachtsguetsli vor der Zeit zu stibitzen.

Die Liebe zum Backen ist geblieben. Aber so gut wie nächtens in der Adventszeit schmecken sie später nie mehr.

Alle Jahre wieder

Kapitel Nr. 1

Mailänderli

Das typischste aller Schweizer Weihnachtsguetsli

Für etwa 40 Stück

Teig:
125 g Butter, zimmerwarm
125 g Zucker oder
Puderzucker
1 Ei
1 Eigelb
1 Prise Salz
1 unbehandelte Zitrone,
Schale
260 g Mehl
¼ Teelöffel Backpulver

Verzierung:
2 Eigelb
1 Esslöffel Milch
1 Messerspitze Zucker

Die Butter weich und glatt rühren. Zucker, Ei und Eigelb nach und nach beifügen, rühren, bis die Masse hell wird. Salz, Zitronenschale, Mehl und Backpulver dazugeben. Von Hand rasch zu einem Teig zusammenfügen. Zugedeckt 1 Stunde kalt stellen.

Den Teig portionsweise zwischen Backpapier 5 Millimeter dick auswallen, kalt stellen. Verschiedene Motive ausstechen und auf ein mit Backpapier belegtes Blech legen. Die Eigelbe mit Milch und Zucker verrühren. Mailänderli damit bestreichen. In der Mitte des vorgeheizten Backofens bei 200 Grad 10 bis 12 Minuten backen.

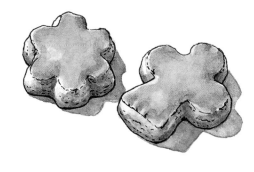

 Mailänderli ohne Verzierung backen. Eine Glasur aus 100 g Puderzucker und 3 Esslöffel Himbeersaft zubereiten. Mailänderli damit bestreichen und mit Mohnsamen bestreuen.

Korinthenbrötchen

Warum denn die Rosinchen aus den Guetsli klauben?
Es hat genug, und sie sind so richtig mit Rum durchtränkt…

Korinthen mit Rum beträufeln und 2 Stunden zugedeckt bei Zimmertemperatur ziehen lassen.

Die Butter weich und glatt rühren. Zucker, Eigelb und Salz nach und nach dazugeben, rühren, bis die Masse hell wird.

Korinthen, Mehl und Backpulver dazugeben, rasch zu einem geschmeidigen Teig zusammenfügen. Kurz kalt stellen.

Aus dem Teig mit zwei Teelöffeln Häufchen in genügend Abstand auf ein mit Backpapier belegtes Blech setzen. Mit Mandelblättchen bestreuen, 30 Minuten kalt stellen.

Korinthenbrötchen in der Mitte des vorgeheizten Backofens bei 200 Grad 10 bis 15 Minuten backen. Leicht mit Puderzucker bestäuben.

Für etwa 40 Stück

Teig:
165 g Korinthen (Rosinen)
4 Esslöffel Rum
165 g Butter, zimmerwarm
165 g Zucker
3 Eigelb
1 Prise Salz
165 g Mehl
1 Messerspitze Backpulver

Verzierung:
25 g Mandelblättchen, gehackt
wenig Puderzucker zum Bestäuben

 Da gibt's immer Verwechslungen: Rosinen oder Korinthen heissen die kleinen schwarzen Weinbeeren.

Brunsli

Rezepte von Brunsli gibt's fast so viele, wie Basel Fasnächtler hat; und alle glauben das Originalrezept zu kennen. Probieren Sie aus, welche Variante Ihnen zusagt

Für etwa 50 Stück

Teig:
225 g Mandeln (mit Schale), fein gemahlen
225 g Puderzucker
50 g Kakaopulver, ungesüsst
2 Vanillestengel
2 Eiweiss (50 g)
1 Prise Salz
2 Esslöffel Kirsch

Kristallzucker zum Formen

Mandeln in eine Schüssel geben. Puderzucker und Kakaopulver mischen und dazusieben. Vanillestengel aufschlitzen und die Samen direkt dazuschaben. Eiweiss mit Salz leicht schaumig schlagen. Mit Kirsch in die Mandelmischung geben und von Hand rasch zu einem Teig zusammenfügen. Zugedeckt 1 Stunde kalt stellen.

Aus dem Teig baumnussgrosse Kugeln formen, in Zucker wenden und in Petits-fours- oder Marzipan-Förmchen drücken. Herausnehmen und auf ein mit Backpapier belegtes Blech setzen. Über Nacht bei Zimmertemperatur antrocknen lassen.

Am andern Tag Brunsli im oberen Teil des vorgeheizten Backofens bei 250 Grad 4 bis 5 Minuten backen. Auf dem Blech etwas abkühlen lassen, dann vorsichtig lösen.

So wird der Teig sehr fein: Mandeln und Puderzucker zusammen durch die Mandelmühle (feinste Scheibe) drehen. Oder im Blitzhacker fein mahlen.

Dem Brunsliteig zusätzlich 1 Teelöffel gemahlenen Zimt und 1/4 Teelöffel gemahlene Nelken beifügen. Oder Vanillesamen durch 1/2 Päckchen Vanillezucker ersetzen.

Den Backofen mit Unter- und Oberhitze vorheizen. Die Brunsli hineinschieben und Unterhitze ausschalten, damit die Brunsli nur an der Oberfläche trocknen.

12

andeln in eine Schüssel geben. Puderzucker dazusieben und Schokolade direkt in die Schüssel reiben. Vanillestengel aufschlitzen und die Samen dazuschaben. Kirsch
und Wasser in die Mandelmischung geben und von Hand
rasch zu einem Teig zusammenfügen. Zugedeckt 1 Stunde
kalt stellen.

Den Teig zwischen Backpapier 1 Zentimeter dick auswallen,
mit Zucker bestreuen und Herzen oder andere beliebige
Formen ausstechen. Die Ausstecher zuvor in kaltes Wasser
oder Zucker tauchen, dann löst sich der Teig besser. Brunsli
in genügendem Abstand auf ein mit Backpapier belegtes
Blech setzen. Über Nacht bei Zimmertemperatur
antrocknen lassen.

Am andern Tag Brunsli in der Mitte des vorgeheizten
Backofens bei 50 Grad 45 Minuten backen. Auf dem Blech
etwas abkühlen lassen, dann vorsichtig lösen.

Für etwa 50 Stück

Teig:
250 g Mandeln (mit Schale),
fein gemahlen
250 g Puderzucker
je 75 g Zartbitter- und
Milchschokolade
2 Vanillestengel
3 Esslöffel Kirsch
1–2 Esslöffel Wasser

Kristallzucker zum Bestreuen

Für den Brunsliteig geschälte, gemahlene Mandeln verwenden.
Den Zucker durch ein Sieb gleichmässig auf den Teig streuen.

Zimmetsterne

*Schneeweiss muss sie sein, die Glasur, und
genau in die Spitzen gezogen*

Für etwa 45 Stück

Teig:
3 Eiweiss (75 g)
250 g Puderzucker
4 Esslöffel Zimt (20 g),
gemahlen
½ unbehandelte Zitrone,
Schale
1 Esslöffel Zitronensaft
300–400 g Mandeln (mit
Schale), fein gemahlen

Eiweiss steif schlagen, Puderzucker dazusieben und kurz daruntermischen. 1 dl davon für die Glasur zugedeckt beiseite stellen. Den Rest weiterschlagen, bis der Eischnee glänzt und feste Spitzen bildet. Zimt, Zitronenschale, Zitronensaft und Mandeln sorgfältig daruntermischen. Von Hand zu einem Teig zusammenfügen und zugedeckt 1 Stunde kalt stellen.

Den Teig zwischen Backpapier 1 Zentimeter dick auswallen. Sterne in verschiedenen Grössen ausstechen. Auf ein mit Backpapier belegtes Blech setzen und mit der beiseite gestellten Glasur bestreichen. Dabei die Spitzen mit einer Nadel ausziehen. Zimtsterne über Nacht bei Zimmertemperatur antrocknen lassen. Am anderen Tag in der Mitte des vorgeheizten Backofens bei 225 Grad 4 bis 5 Minuten backen. Die Glasur soll hell bleiben.

Den Teig zusätzlich mit je 1 Messerspitze gemahlenen Nelken und Macis (Muskatblüte) aromatisieren.

Den Mandelgeschmack durch ein paar Tropfen Bittermandelaroma verstärken.

So bleibt die Glasur bestimmt weiss: Die Sterne ohne Glasur backen, wie oben beschrieben. Noch warm 1 Millimeter tief in die Glasur tauchen, etwas abstreifen, umdrehen und auf einem Kuchengitter trocknen lassen.

Schwabenbrötchen

*Andere reden von Liebesgrübchen
oder Husarenkrapferl*

Die Butter weich und glatt rühren. Zucker, Ei, Eigelb und Salz nach und nach beifügen, rühren, bis die Masse hell wird. Zitronenschale, Gewürze, Haselnüsse und Mehl dazugeben, rasch zu einem geschmeidigen Teig zusammenfügen. Zugedeckt 1 Stunde kalt stellen.

Den Teig zu Rollen von 4 Zentimeter Durchmesser formen. In Scheiben schneiden und zu baumnussgrossen Kugeln drehen. Auf ein mit Backpapier belegtes Blech setzen. Mit einem bemehlten Kochlöffelstiel eine Mulde in die Mitte der Kugeln drücken. Mit Eigelb bestreichen. In der Mitte des vorgeheizten Backofens bei 175 Grad 12 bis 15 Minuten backen. Auskühlen lassen. Den Gelee glatt rühren. In einen kleinen Spritzbeutel geben und in die Vertiefung füllen. Schwabenbrötchen leicht mit Puderzucker bestäuben.

Für etwa 50 Stück

Teig:
200 g Butter, zimmerwarm
150 g Zucker
1 Ei
1 Eigelb
1 Prise Salz
1 unbehandelte Zitrone, Schale
½ Teelöffel Zimt, gemahlen
1 Messerspitze Nelken, gemahlen
150 g Haselnüsse, gemahlen
250 g Mehl

1 Eigelb zum Bestreichen

Verzierung:
150 g Johannisbeer- oder Himbeergelee
wenig Puderzucker zum Bestäuben

Zimt und Nelken durch 2 Teelöffel Vanillinzucker ersetzen.

Den Teig 5 Millimeter dick auswallen, beliebige Motive ausstechen, mit Eigelb bestreichen, mit einer Gabel Rillen eindrücken, ohne Verzierung backen wie beschrieben.

Kokosmakrönli

Das Krönli fürs Makrönli:
Kurz und bei hoher Temperatur gebacken!

Für etwa 40 Stück

Teig:
3 Eiweiss (65 g)
1 Prise Salz
200 g Puderzucker
250 g Kokosnuss, gemahlen
¼ unbehandelte Zitrone,
Schale

Eiweiss mit Salz steif schlagen. 100 g Puderzucker dazusieben, weiterschlagen, bis der Eischnee glänzt und feste Spitzen bildet. Restlichen Puderzucker, Kokosnuss und Zitronenschale sorgfältig daruntermischen und zu einem Teig zusammenfügen. Mit 2 Teelöffeln Schiffchen oder Häufchen auf ein mit Backpapier belegtes Blech setzen. In der Mitte des vorgeheizten Backofens bei 225 Grad 4 bis 5 Minuten backen.

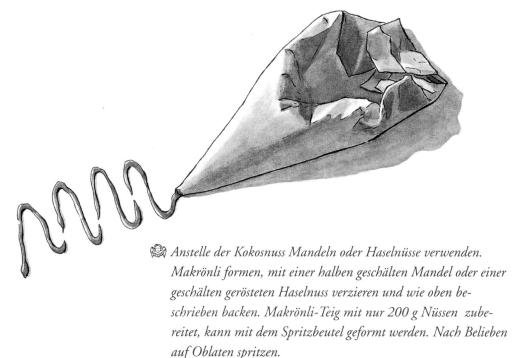

Anstelle der Kokosnuss Mandeln oder Haselnüsse verwenden. Makrönli formen, mit einer halben geschälten Mandel oder einer geschälten gerösteten Haselnuss verzieren und wie oben beschrieben backen. Makrönli-Teig mit nur 200 g Nüssen zubereitet, kann mit dem Spritzbeutel geformt werden. Nach Belieben auf Oblaten spritzen.

Eine Glasur aus 100 g Puderzucker, 2–3 Esslöffeln Kokoslikör und einigen Tropfen roter Lebensmittelfarbe zubereiten. In ein Spritztütchen füllen und Makrönli mit feinen Linien verzieren.

Zusätzlich 25 g geschmolzene Schokolade unter den Teig mischen.

16

Spitzbuben

Im süddeutschen Raum heissen unsere
Spitzbuben «Hildabrötchen»!

Mehl, Puderzucker, Vanillinzucker, Salz und Butter mit einem grossen Messer feinkrümelig durchhacken. Von Hand rasch zu einem Teig zusammenfügen. Zugedeckt 1 Stunde kalt stellen.

Den Teig portionsweise zwischen Backpapier 2 Millimeter dick auswallen, kalt stellen. Kreise mit 4 bis 5 Zentimeter Durchmesser ausstechen; die Hälfte davon mit 1 bis 3 «Fensterchen» versehen (kreis, herz- oder sternförmig). Auf ein mit Backpapier belegtes Blech legen. Vor dem Backen nochmals kalt stellen. In der Mitte des vorgeheizten Backofens bei 200 Grad 8 bis 10 Minuten backen. Den Gelée leicht erwärmen, die Kreise ohne Fensterchen (Bödeli) auf der flachen Seite damit bestreichen. Die übrigen mit Puderzucker bestäuben und auf die Bödeli legen.

Terrassen (Für etwa 30 Stück)
Aus dem Teig jeweils die gleiche Anzahl Kreise mit Wellenrand in drei Grössen ausstechen; backen wie oben beschrieben. Die Unterseite der beiden kleineren Kreise mit Gelee bestreichen und terrassenförmig auf den grössten Kreis setzen. Mit Puderzucker bestäuben.

🥨 *Statt Vanillinzucker 1 Teelöffel Zitronensaft verwenden.*
Wenn der Teig zu trocken wird, löffelweise etwas Eiweiss dazugeben.
🥨🥨 *Die Bödeli mit geschmolzener Schokolade oder Zitronencreme (Lemon curd) bestreichen.*
🥨🥨🥨 *Die Deckel nicht mit Puderzucker überstäuben; nach dem Zusammensetzen den Rand der Spitzbuben im Zucker drehen.*

Für etwa 40 Stück

Teig:
350 g Mehl
150 g Puderzucker
2 Teelöffel Vanillinzucker
1 Prise Salz
250 g kalte Butter, gewürfelt

Verzierung:
Johannis- oder Himbeergelée
Puderzucker zum Bestäuben

Anisbrötli

Lange geschlagen, offen getrocknet,
so gibt's die typischen «Füessli»

Für etwa 20 Stück

Teig:
2 Esslöffel Anissamen
(12 g)
2 Eier
1 Esslöffel Wasser, warm
250 g Puderzucker
1 Prise Salz
½ unbehandelte Zitrone,
Schale
250–275 g Mehl
¼ Teelöffel Backpulver

Puderzucker zum Auswallen
Mehl für die Model
Butter und Anissamen fürs
Blech

Anissamen in einer beschichteten Pfanne ohne Fett rösten, bis sich das typische Aroma entwickelt. In einem sauberen Küchentuch aneinander reiben, damit Unreinheiten entfernt werden. Abkühlen lassen.

Eier, Wasser und Puderzucker in der Küchenmaschine während 10 Minuten zu einer hellen, schaumigen Creme aufschlagen. Anis, Salz und Zitronenschale hinzufügen. Mehl und Backpulver mischen, nach und nach dazugeben. Zu einem Teig zusammenfügen und zugedeckt 1 Stunde kalt stellen.

Den Teig auf Puderzucker 1 Zentimeter dick auswallen, Teigoberfläche und Holzmodel leicht bemehlen, dann Model gleichmässig auf den Teig pressen und ausschneiden. Überschüssiges Mehl wegpinseln. Anisbrötli auf einem leicht bebutterten, mit Anissamen bestreuten Blech über Nacht (abgedeckt) antrocknen lassen.

Am andern Tag Anisbrötli im unteren Teil des vorgeheizten Backofens bei 150 Grad mit offener Dampfklappe 20 bis 25 Minuten backen. Nach 10 Minuten Klappe zurückschieben.

Badener Chräbeli (Für etwa 40 Stück)
Den Teig zu einer Rolle von 1,5 Zentimeter Durchmesser formen. In 5 bis 6 Zentimeter lange Stücke schneiden. Leicht schräg 2- bis 3mal einschneiden und etwas biegen. Trocknen lassen und backen wie Anisbrötli.

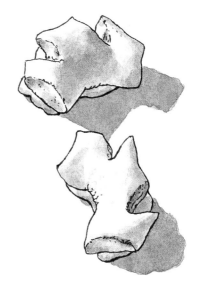

Anisringli (Für etwa 30 Stück)
Den Teig nur mit 200 g Mehl zubereiten, in einen Spritzbeutel mit gezackter Tülle füllen und Ringli von 4 Zentimeter Durchmesser auf ein leicht bebuttertes Blech spritzen. Trocknen lassen und backen wie Anisbrötli.

Neuenburger Anisbrötchen (Für etwa 50 Stück)
5 Eigelb mit 250 g Zucker schaumig rühren. 2 Eiweiss mit 1 Prise Salz steif schlagen. Lagenweise mit 2 Esslöffeln gerösteten Anissamen und 285 g Mehl auf die Schaummasse geben, locker mischen. Mit 2 Teelöffeln Häufchen auf ein bebuttertes Blech setzen. In der Mitte des vorgeheizten Backofens bei 175 Grad 12 bis 15 Minuten backen.

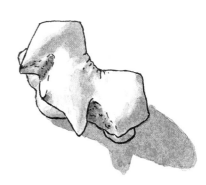

Anisbrötchen andere Art (Für etwa 50 Stück)
2 Eigelb mit 250 g Zucker schaumig rühren. 250 g flüssige ausgekühlte Butter, 1 Prise Salz, 1/2 fein abgeriebene Zitronenschale und 1 Esslöffel geröstete Anissamen beifügen. 3 Eiweiss schaumig (nicht steif) schlagen. Abwechselnd mit 250 g Mehl locker unter die Schaummasse heben. Backen wie Neuenburger Anisbrötchen.

Freiburger Springerle (Für etwa 40 Stück)
2 Eiweiss mit 1 Prise Salz steif schlagen. 200 g Zucker einrieseln lassen, weiterschlagen, bis die Masse sehr steif ist und glänzt. 2 Esslöffel gerösteten Anis, 1 Esslöffel Zitronensaft und 200 g Mehl beifügen. Brötli oder Chräbeli formen. Backen wie Anisbrötli.

Schoggikugeln

Was ist schon eine Sünde wert?

Für etwa 50 Stück

Teig:
3 Eier
300 g Zucker
200 g Kochschokolade
300 g Mandeln (mit Schale),
gemahlen
75 g feiner Weizengriess
(Paidol)

Eier und Zucker in der Küchenmaschine zu einer hellen, schaumigen Creme aufschlagen. Kochschokolade direkt dazureiben. Mandeln und Weizengriess mischen, locker unter die Eier-Schokolade-Masse heben. Rasch zu einem Teig zusammenfügen. Zugedeckt 1 Stunde kalt stellen.

Aus dem Teig baumnussgrosse Kugeln formen. In genügend grossen Abständen auf ein mit Backpapier belegtes Blech setzen. Schoggikugeln im oberen Teil des vorgeheizten Backofens bei 250 Grad 4 bis 5 Minuten backen.

Anstelle der geriebenen Schokolade Schokoladepulver verwenden.

Weisse Läckerli

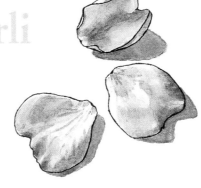

Ein Hauch von Rosenblüten.

Mandeln mit Rosenwasser in einem Mörser fein zerstossen. Puderzucker dazusieben, mischen. Mandelmasse in einer Chromstahlpfanne unter Rühren langsam erhitzen. So lange rühren, bis die Masse sehr trocken ist und sich leicht vom Pfannenboden löst. In eine mit Zucker ausgestreute Schüssel geben und zugedeckt bei Zimmertemperatur auskühlen lassen.

Verquirltes Eiweiss und Weizengriess zur Mandelmasse geben und zu einem Teig zusammenfügen. Auf Puderzucker oder zwischen Backpapier 1 Zentimeter dick auswallen. Teigoberfläche und Model mit Puderzucker bestäuben, gleichmässig auf den Teig drücken und dem Rand entlang ausschneiden. Läckerli auf ein mit Backpapier belegtes Blech legen. 3 Stunden oder über Nacht antrocknen lassen. Anschliessend im oberen Teil des vorgeheizten Backofens bei 175 Grad 10 bis 15 Minuten backen. Puderzucker und Rosenwasser glatt rühren, die noch heissen Läckerli damit bestreichen.

Für etwa 30 Stück

Teig:
255 g geschälte Mandeln, fein gemahlen
1 Esslöffel Rosenwasser
250 g Puderzucker
wenig Zucker
1 grosses Eiweiss
50 g feiner Weizengriess (Paidol)

Puderzucker zum Bestäuben

Glasur:
100 g Puderzucker
2–3 Esslöffel Rosenwasser

Rosenwasser ist in der Apotheke erhältlich. Fläschchen immer gut verschliessen und im Kühlschrank aufbewahren, damit die ätherischen Öle sich nicht verflüchtigen. Beschränkt haltbar. Anstelle von Rosenwasser Zitronensaft, Kirsch, Bittermandelöl oder Orangenblütenwasser verwenden.

1 Esslöffel fein gemahlenes Sandelholzpulver unter den Teig mischen, dann werden die Läckerli rot.

Butter-S

Süss und mürbe

Für etwa 40 Stück

Teig:
375 g Mehl
125 g Zucker
1 Prise Salz
250 g kalte Butter, gewürfelt
6 Eigelb

Verzierung:
1 Eigelb
30 g Hagelzucker

Mehl, Zucker, Salz und Butter mit einem grossen Messer feinkrümelig durchhacken. Die Eigelbe dazugeben und von Hand rasch zu einem geschmeidigen Teig zusammenfügen. Wenn er zu fest wird, löffelweise Eiweiss daruntermischen.

Den Teig in einen Spritzbeutel mit gezackter Tülle (etwa 10 Millimeter Durchmesser) füllen. Gleichmässige S auf ein mit Backpapier belegtes Blech spritzen. 30 Minuten kalt stellen. Mit Eigelb bestreichen und mit Hagelzucker bestreuen. In der Mitte des vorgeheizten Backofens bei 200 Grad 12 bis 15 Minuten backen.

Butter-S ohne Verzierung backen. Flüssige Schokolade in einen kleinen Spritzbeutel geben. Feine Linien über die Guetsli ziehen, trocknen lassen.

Totenbeinli

Nussig und locker-weich

Haselnüsse in einer Pfanne unter Schütteln rösten. Zwischen den Händen reiben, um die gelösten Häutchen zu entfernen. Die Hälfte der Nüsse ganz lassen, die restlichen grob hacken.

Die Butter weich und glatt rühren. Zucker, Eier, Eigelb, Zitronenschale, Zimt und Salz nach und nach dazugeben, rühren, bis die Masse hell wird. Haselnüsse, Mehl und Backpulver dazugeben, von Hand rasch zu einem geschmeidigen Teig zusammenfügen. Kalt stellen. Teig zu zwei dicken Rollen formen. Direkt auf dem mit Backpapier belegten Blech 1 Zentimeter dick und 12 Zentimeter breit rechteckig auswallen. Teig mit verquirltem Eiweiss bestreichen. In der Mitte des vorgeheizten Backofens bei 175 Grad 15 bis 18 Minuten backen. Noch heiss in knapp 2 Zentimeter breite und 6 Zentimeter lange Stengel schneiden.

Für etwa 50 Stück

Teig:
250 g Haselnüsse
75 g Butter, zimmerwarm
200 g Zucker
2 Eier
1 Eigelb
½ unbehandelte Zitrone, Schale
½ Teelöffel Zimt, gemahlen
1 Prise Salz
275–300 g Mehl
½ Teelöffel Backpulver

1 Eiweiss zum Bestreichen

Die Totenbeinli nach dem Schneiden auf einem Blech verteilen und 10 Minuten im noch heissen, aber ausgeschalteten, leicht geöffneten Backofen trocknen lassen. Dann werden sie etwas knuspriger.

Klassiker

---※---

Kapitel Nr. 2

Zitrone-Sternli

*Wenn der Himmel voller Guetsli wäre,
dann müssten es Zitrone-Sternli sein.*

Für etwa 50 Stück

Teig:
300 g geschälte Mandeln,
fein gemahlen
250 g Würfelzucker
50 g Zedrat (kandiert)
2 unbehandelte Zitronen,
Schale
50 g Puderzucker
2 Esslöffel Kirsch
2 Eiweiss (ca. 45 g),
verquirlt

Puderzucker zum Auswallen

Glasur:
100 g Puderzucker
3–4 Esslöffel Zitronensaft,
frisch gepresst

Non-pareilles zum Garnieren

Geschälte Mandeln und Würfelzucker zwei- bis dreimal durch die Mandelmühle (feinste Scheibe) drehen. Oder im Blitzhacker fein mahlen. Beim letzten Mal das grob gewürfelte Zedrat und die Zitronenschale beifügen. In eine Schüssel geben, Puderzucker dazusieben, nach und nach Kirsch und Eiweiss daruntermischen. Der Teig darf nicht zu feucht werden. Auf Puderzucker 1 Zentimeter dick auswallen, Sterne in verschiedenen Grössen ausstechen und über Nacht bei Zimmertemperatur antrocknen lassen. Im oberen Teil des vorgeheizten Backofens bei 225 Grad 5 bis 7 Minuten backen.
Puderzucker und Zitronensaft glatt rühren. Die noch warmen Guetsli damit bestreichen, mit Non-pareilles bestreuen.

Die Zedratzitrone (Urmutter aller Zitronen) besitzt eine sehr dicke Schale, die sich ausgezeichnet zum Kandieren eignet. Sie ist in Spezialgeschäften erhältlich. Zedrat können Sie durch Zitronat ersetzen.

Kandierte Zitrusschalen am besten im Kühlschrank aufbewahren, damit sie nicht austrocknen und hart werden. Hart gewordene Schalen kurz im Dampf zugedeckt weich werden lassen.

Orangengebäck

Die mürben Blättchen, in feinem
Orangeton

Orange unter dem fliessenden heissen Wasser gründlich bürsten. Mit dem Sparschäler die Schale dünn abziehen. Das Weisse mit einem Messer wegschaben. Die Schale fein hacken.

Die Butter weich und glatt rühren. Zucker, Eigelb, Salz und Orangensaft beifügen, rühren, bis die Masse hell wird. Orangenschale, Mehl und Backpulver dazugeben, rasch zu einem Teig zusammenfügen. Zugedeckt 1 Stunde kalt stellen. Den Teig zwischen Backpapier 5 Millimeter dick auswallen, kalt stellen. Mit einer bemehlten Gabel Rillen eindrücken. Ovale oder runde Guetsli ausstechen. Auf ein mit Backpapier belegtes Blech legen, in der Mitte des vorgeheizten Backofens bei 175 Grad 10 bis 15 Minuten backen. Die Guetsli müssen hell bleiben. Puderzucker und Orangensaft glatt rühren. Die noch warmen Guetsli damit bestreichen. Mit fein geschnittenen Orangenstreifchen verzieren.

Für etwa 50 Stück

Teig:
1 unbehandelte Orange,
Schale
125 g Butter, zimmerwarm
80 g Zucker
2 Eigelb
1 Prise Salz
1 Esslöffel Orangensaft
250 g Mehl
¼ Teelöffel Backpulver

Glasur:
100 g Puderzucker
3–4 Esslöffel Orangensaft,
frisch gepresst
2 kandierte Orangen-
scheiben

50 g sehr fein gehacktes Orangeat unter den Teig mischen.
Statt Orangensaft Zitronen- oder Mandarinensaft verwenden.

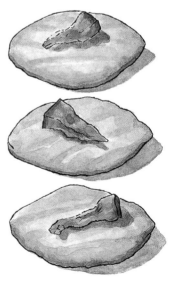

Weisse Lebkuchen

*Wie müssen sie sein, weich oder hart,
weiss oder braun? Probieren Sie's aus!*

Für etwa 45 Stück

Teig:
4 Eier
250 g Zucker
½ unbehandelte Zitrone,
Schale
¾ Esslöffel Zimt, gemahlen
¾ Teelöffel Nelken,
gemahlen
¼ Teelöffel Kardamom,
gemahlen
30 g Orangeat, fein
gewürfelt
30 g Zitronat, fein gewürfelt
185 g Mandelblättchen,
geröstet
1 g Hirschhornsalz
150 g Mehl
50 g Kartoffelstärke

eckige Backoblaten
Kaffeerahm

Eier und Zucker in der Küchenmaschine 10 Minuten rühren, bis die Masse sich verdoppelt hat und hell wird. Die übrigen Zutaten sorgfältig dazugeben und rasch zu einem Teig zusammenfügen. Die Backoblaten auf einem Blech von 30 mal 35 Zentimeter verteilen, Teig gut 1 Zentimeter dick daraufstreichen. In der Mitte des vorgeheizten Backofens bei 175 Grad mit offener Dampfklappe 30 bis 35 Minuten backen. Noch heiss mit Kaffeerahm bepinseln. Leicht auskühlen lassen, dann in Stücke schneiden.

Vor dem Backen den Teig mit dem Messerrücken in Quadrate teilen. Geschälte Mandeln, kandierte Kirschen und Zitronatstücke vor dem Backen darauf verteilen.

Backoblaten sind die Unterlage für Lebkuchen oder Makrönchen. Die dünnen Blättchen werden aus Mehl oder Speisestärke hergestellt. Es gibt sie in verschiedenen Grössen zu kaufen.

Hirschhornsalz oder Triebsalz lockert die schweren Lebkuchenteige. Die Treibkraft entwickelt sich erst beim Backen. Hirschhornsalz gibt's in der Apotheke zu kaufen. Trocken und gut verschlossen aufbewahren.

Rosenmakronen

*In alten Kochbüchern heissen sie
Hägemakrönli - Hägenmark ist das alte Wort
für Hagebuttenmark*

Für etwa 30 Stück

Teig:
2 Eiweiss (ca. 50 g)
185 g Puderzucker
2 Esslöffel Hagebuttenmark,
ungezuckert
1 Esslöffel Rosenwasser
200 g Mandeln (mit Schale),
gemahlen

Eiweiss steif schlagen, Puderzucker dazusieben, weiterschlagen, bis der Eischnee glänzt und feste Spitzen bildet. Hagebuttenmark und Rosenwasser locker daruntermischen. 2 Esslöffel voll für die Füllung in einen kleinen Spritzbeutel geben. Mandeln unter die verbliebene Masse mischen. Mit zwei Teelöffeln runde Häufchen in genügend grossem Abstand auf ein Blech setzen. Mit einem nassen Kochlöffelstiel eine kleine Vertiefung in die Mitte drücken. Wenig Füllung hineingeben. Rosenmakronen in der Mitte des vorgeheizten Backofens bei 150 Grad 20 bis 25 Minuten backen.

🌼 *Anstelle von Hagebuttenmark Zwetschgenmus (Powidl) verwenden. Dann die Mandeln im Verhältnis 1:1 mit gemahlenen Baumnüssen mischen.*

🌼🌼 *Der Teig darf nicht zu feucht sein. Sonst löffelweise gemahlene Mandeln oder feinen Weizengriess (Paidol) beifügen.*

🌼🌼🌼 *Den Teig in einen Spritzbeutel mit gezackter Tülle füllen und runde Häufchen aufs Blech spritzen.*

Bauernhütchen

*Mit Konfitüre gefüllt,
heissen sie Pfaffenhütchen!*

Mehl, Zucker, Salz und Butter mischen. Mit einem grossen Messer feinkrümelig durchhacken. Eigelb und Sauerrahm dazugeben, von Hand rasch zu einem Teig zusammenfügen. Zugedeckt 1 Stunde kalt stellen.

Eiweiss steif schlagen, Zucker einrieseln lassen, weiterschlagen, bis die Masse glänzt und feste Spitzen bildet. Mandeln locker daruntermischen.

Den Teig zwischen Backpapier 3 Millimeter dick auswallen. Kreise mit 5 Zentimeter Durchmesser ausstechen. Den Rand mit Eiweiss bepinseln, 1 Moccalöffel Füllung in die Mitte geben und zum Dreispitz formen: Den Rand an drei Stellen fassen, leicht über die Füllung ziehen und zusammendrücken. Bauernhütchen vor dem Backen möglichst kalt stellen. In der Mitte des vorgeheizten Backofens bei 200 Grad 12 bis 15 Minuten backen. Auf dem Blech auskühlen lassen, dann vorsichtig lösen.

Für etwa 30 Stück

Teig:
250 g Mehl
125 g Zucker
1 Prise Salz
125 g kalte Butter, gewürfelt
2 Eigelb
knapp 1 Esslöffel dicker Sauerrahm

Füllung:
2 Eiweiss
80 g Zucker
125 g Mandeln (mit Schale), gemahlen

wenig Eiweiss zum Bestreichen

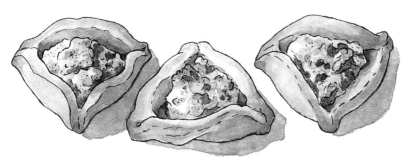

🧁 *Guetsli vor dem Backen nach Belieben mit Eigelb bestreichen.*
🧁🧁 *Die Mandelfüllung durch dicke Himbeer- oder Aprikosenkonfitüre ersetzen.*

Züri-Nüss

Ganz leicht zu knacken

Für etwa 25 Stück

Teig:
175 g Butter, zimmerwarm
75 g Puderzucker
3 Eigelb
1 Prise Salz
250 g Mehl
1 Messerspitze Backpulver

Füllung:
100 g Aprikosenkonfitüre
½ Zitrone, Saft

Die Butter weich und glatt rühren. Puderzucker, Eigelb und Salz beifügen, weiterrühren, bis die Masse hell wird. Mehl und Backpulver mischen, zur Schaummasse geben. Von Hand rasch zu einem feuchten Teig zusammenfügen und zugedeckt kurz kalt stellen.

Den Teig in einen Spritzbeutel mit gezackter Tülle füllen. Halbkreise auf ein mit Backpapier belegtes Blech spritzen. Kalt stellen. In der Mitte des vorgeheizten Backofens bei 175 Grad 12 bis 15 Minuten backen. Auf dem Blech auskühlen lassen, dann vorsichtig lösen. Aprikosenkonfitüre mit Zitronensaft erwärmen. Die Unterseite der Guetsli bestreichen und jeweils zwei zusammenkleben.

Guetsli nach Belieben mit Puderzucker bestäuben.

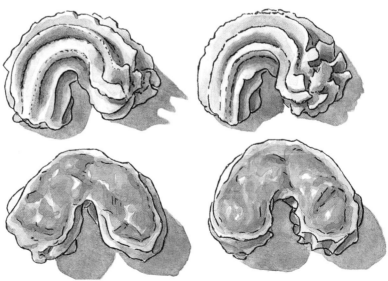

Basler Läckerli

Mit Orangeat, Zitronat und Mandeln…
für grosse und kleine Beisserchen

Honig und Zucker unter Rühren langsam zum Kochen bringen. Sobald die Masse zu steigen anfängt, Mandelblättchen dazustreuen und 5 Minuten bei kleiner Hitze rösten. Die Pfanne von der Herdplatte ziehen. Die restlichen Zutaten dazugeben und rasch zu einem Teig zusammenfügen. Noch warm direkt auf dem bemehlten Blechrücken 4 bis 5 Millimeter dick auswallen. Mit einem scharfen Messer Rechtecke von 5 mal 3,5 Zentimeter schneiden. Läckerli in der Mitte des vorgeheizten Backofens bei 200 Grad 15 bis 18 Minuten backen.

Zucker mit Wasser sirupartig einkochen. Ins heisse Wasserbad stellen, damit die Glasur nicht fest wird. Läckerli noch warm damit bepinseln, trocknen lassen. Anschliessend von Hand auseinanderbrechen oder mit einem grossen Messer nachschneiden.

Für etwa 80 Stück

Teig:
500 g Honig
250 g Zucker
250 g Mandelblättchen
3 Esslöffel (15 g) Zimt, gemahlen
1 Esslöffel (7,5 g) Nelken, gemahlen
1 Messerspitze Muskatnuss, frisch gerieben
100 g Orangeat, fein gewürfelt
100 g Zitronat, fein gewürfelt
1,2 dl Kirsch oder Zitronensaft
600–650 g Mehl

Glasur:
250 g Griesszucker
1,5 dl Wasser

🦋 *Zum Auswallen muss der Teig unbedingt warm sein, andernfalls wird er zäh und lässt sich nur schwer bearbeiten. Ansonsten nochmals kurz in der Pfanne oder im Backofen erwärmen.*

🦋🦋 *Läckerli wenn möglich über Nacht bei Zimmertemperatur antrocknen lassen. In Blechdosen verpackt, bleiben sie lange knusprig. Wer sie eher weich mag, lagert sie kühl und leicht verpackt.*

🦋🦋🦋 *Anstelle der Mandelblättchen ganze Mandeln mit der Schale feinblättrig schneiden.*

Albertli

Mit der zartschmelzenden Füllung
sind sie am besten

Für etwa 25 Stück

Teig:
50 g Butter, zimmerwarm
1,5 dl Rahm
125 g Zucker
1 Prise Salz
½ Päckchen Vanillinzucker
150 g Mehl
150 g feiner Weizengriess
(Paidol)
¼ Teelöffel Backpulver

Füllung:
100 g Zartbitter-Schokolade
½ Teelöffel sofortlöslicher
Kaffee
100 g Butter, zimmerwarm
50 g Puderzucker

Die Butter mit Rahm, Zucker, Salz und Vanillinzucker schaumig rühren. Mehl, Weizengriess und Backpulver mischen, dazugeben und rasch zu einem geschmeidigen Teig zusammenfügen. Zugedeckt 1 Stunde kalt stellen.

Die Schokolade zerbröckeln, mit Kaffee im warmen Wasserbad schmelzen, auskühlen lassen. Butter und Puderzucker geschmeidig rühren. Mit der Schokolade mischen und streichfest werden lassen.

Den Teig zwischen Backpapier 4 Millimeter dick auswallen, kalt stellen. Mit einer bemehlten Käseraffel oder den Zinken einer Gabel Muster eindrücken. Kreise mit etwa 5 Zentimeter Durchmesser ausstechen. In der Mitte des vorgeheizten Backofens bei 200 Grad 8 bis 10 Minuten backen, ohne Farbe annehmen zu lassen. Guetsli auskühlen lassen. Anschliessend auf der flachen Seite mit Buttercreme bestreichen und jeweils zwei zusammensetzen.

Ungefüllt sind die Guetsli länger haltbar.
Den Rahm durch 2 Eier ersetzen.

Bärentatzen

Ganz harmlose - wenn Sie die kleinen
Förmchen verwenden

Die Eiweiss steif schlagen, 125 g Puderzucker dazusieben, weiterschlagen, bis die Masse glänzt und feste Spitzen bildet. Restlichen Puderzucker, Mandeln, Schokolade, Kakaopulver, Vanillezucker und Gewürze beifügen und locker unter den Eischnee mischen. Von Hand rasch zu einem Teig zusammenfügen.

Die Muschel- oder Madeleine-Förmchen kalt ausspülen und mit Zucker ausstreuen. Aus dem Teig baumnussgrosse Kugeln formen, im Zucker wenden und in die Förmchen drücken. Vorsichtig herauslösen, auf ein mit Backpapier belegtes Blech setzen und über Nacht antrocknen lassen. Förmchen jedesmal neu mit Zucker ausstreuen, bevor der Teig hineingedrückt wird.

Am nächsten Tag Bärentatzen in der Mitte des vorgeheizten Backofens bei 175 Grad 15 bis 18 Minuten backen. Couvertüre im warmen Wasserbad schmelzen. Bärentatzen mit dem schmaleren Ende in die flüssige Schokolade tauchen, trocknen lassen.

Für etwa 40 Stück

Teig:
3 Eiweiss (65 g)
250 g Puderzucker
250 g Mandeln (mit Schale),
fein gemahlen
125 g Zartbitter Schokolade,
gerieben
2 Esslöffel Kakaopulver,
ungezuckert
1 Esslöffel Vanillezucker
je 1 Prise Zimt und Nelken,
gemahlen

Verzierung:
100 g helle Couvertüre,
grob zerkleinert

Kristallzucker zum Formen

Anstelle von Vanillezucker 1/2 Teelöffel Zimt und 1 Prise Kardamom, gemahlen, verwenden.

Die Bärentatzen-Förmchen gibt es einzeln oder als Blech mit 12 Vertiefungen in gut geführten Haushaltgeschäften zu kaufen.

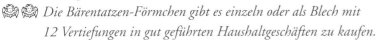

Zedernbrot

Ein altes Zürcher Rezept

Für etwa 60 Stück

Teig:
3 Eiweiss (ca. 75 g)
375 g Puderzucker
½ unbehandelte Zitrone,
Schale und Saft
375 g Mandeln (mit Schale),
gemahlen

Glasur:
100 g Puderzucker
½ Zitrone, Saft

Kristallzucker zum
Auswallen

Eiweiss steif schlagen. Puderzucker nach und nach dazusieben, weiterschlagen, bis die Masse glänzt und feste Spitzen bildet. Zitronenschale, Zitronensaft und Mandeln dazugeben. Rasch zu einem Teig zusammenfügen, zugedeckt 30 Minuten kalt stellen.

Den Teig auf Zucker 1 Zentimeter dick auswallen. Monde ausstechen oder Stengeli schneiden. Auf ein mit Backpapier belegtes Blech legen. In der Mitte des vorgeheizten Backofens bei 150 Grad 20 bis 25 Minuten backen. Puderzucker und Zitronensaft glatt rühren. Die heissen Guetsli damit bepinseln.

Wenn der Teig zu feucht ist, löffelweise gemahlene Mandeln dazugeben.

Weinringli

Und dazu gehört der heisse Weihnachtspunsch

Butter weich und glatt rühren. Zucker, Eigelb, Salz und Wein beifügen, weiterrühren, bis die Masse hell wird. Mehl und Backpulver mischen, zur Schaummasse geben. Von Hand rasch zu einem Teig zusammenfügen und zugedeckt 1 Stunde kalt stellen.

Den Teig zwischen Backpapier 3 bis 4 Millimeter dick auswallen. Kreise mit 4 Zentimeter Durchmesser ausstechen, in der Mitte ein Loch von 1,5 Zentimeter Durchmesser anbringen. Kreisringe auf ein mit Backpapier belegtes Blech legen. Mit Eiweiss bestreichen und mit Zimtzucker bestreuen. In der Mitte des vorgeheizten Backofens bei 175 Grad 10 bis 12 Minuten backen.

Für etwa 70 Stück

Teig:
100 g Butter, zimmerwarm
150 g Zucker
1 Eigelb
1 Prise Salz
3 Esslöffel trockener Weisswein
250 g Mehl
½ Teelöffel Backpulver

Verzierung:
1 Eiweiss, verquirlt
2 Esslöffel Kristallzucker
1 Teelöffel Zimt, gemahlen

 Weinringli mit Hagelzucker oder zerkleinertem braunem Kandiszucker bestreuen.

Neu auf dem Teller

Kapitel Nr. 3

Goldfischli

*Ein süsses Fischchen fürs
Weihnachtstischchen*

Für etwa 25 Stück

Teig:
150 g Butter, zimmerwarm
150 g Zucker
2 Eigelb
1 Prise Salz
¼ Teelöffel Zimt, gemahlen
1 Messerspitze Muskatnuss,
frisch gerieben
250 g Mehl
1 Teelöffel Backpulver

Füllung:
100 g Hagebuttenmark,
ungezuckert

Verzierung:
100 g dunkle Couvertüre,
grob zerkleinert

Butter weich und glatt rühren. Zucker, Eigelb, Salz und Gewürze beifügen, rühren, bis die Masse hell wird. Backpulver und Mehl mischen, dazugeben. Von Hand rasch zu einem Teig zusammenfügen. Zugedeckt 1 Stunde kalt stellen.

Den Teig zwischen Backpapier 2 Millimeter dick auswallen. Fische ausstechen und auf ein mit Backpapier belegtes Blech legen. In der Mitte des vorgeheizten Backofens bei 200 Grad 5 bis 7 Minuten backen. Die noch warmen Guetsli auf der Unterseite mit Hagebuttenmark bestreichen. Jeweils zwei zusammensetzen. Die Couvertüre im warmen Wasserbad schmelzen. Kopf und Schwanzflosse der Fische hineintauchen. Auf Backpapier trocknen lassen.

42

Mandelkugeln

Zartbitter und leicht

Mandelblättchen auf einem Blech ausbreiten, 75 g Zucker darüberstreuen. In der Mitte des vorgeheizten Backofens bei 200 Grad hellbraun rösten, dabei mehrmals umrühren. In eine Schüssel geben, Schokolade, Mehl und Zimt dazugeben, mischen und auskühlen lassen.

Eiweiss steif schlagen. Restlichen Zucker einrieseln lassen, weiterschlagen, bis die Masse glänzt und feste Spitzen bildet. Knapp 100 g Eischnee für die Glasur zugedeckt beiseite stellen. Restlichen Eischnee unter die Mandelmasse heben und zu einem Teig zusammenfügen. Bei Zimmertemperatur stehen lassen, bis die Masse formbar wird. Baumnussgrosse Kugeln formen, im Zucker wenden und auf ein mit Backpapier belegtes Blech setzen. Je einen Tropfen Glasur auf die Kugeln geben. 2 Stunden bei Zimmertemperatur antrocknen lassen. Mandelkugeln in der Mitte des vorgeheizten Backofens bei 150 Grad mit offener Dampfklappe 20 Minuten backen.

Für etwa 70 Stück

Teig:
250 g Mandelblättchen
250 g Zucker
150 g Zartbitter-
Schokolade, gerieben
60 g Mehl oder feiner
Weizengriess (Paidol)
1 Teelöffel Zimt, gemahlen
4 Eiweiss

Kristallzucker zum Wenden

Ovis

Ei, Ei, Ei…
und nichts bleibt übrig!

Für etwa 30 Stück

Teig:
3 Eigelb
1 unbehandelte Orange
100 g Mehl
50 g Puderzucker
1 Prise Salz
je 1 Prise Nelken, Zimt und
Piment (Nelkenpfeffer),
gemahlen
100 g kalte Butter,
gewürfelt

Glasur:
100 g Puderzucker
2–3 Esslöffel Orangen- oder
Zitronensaft,
frisch gepresst

Eigelb im warmen Wasserbad zugedeckt 10 Minuten stocken lassen. Auskühlen lassen, anschliessend durch ein Sieb drücken. Mit dem Sparschäler zwei Streifen Orangenschale dünn abziehen. Kurz in kochendem Wasser blanchieren, kalt abschrecken, trockentupfen und fein hacken.

Mehl, Puderzucker, Salz, Gewürze, Orangenschale, Butter und Eigelb mit einem grossen Messer feinkrümelig durchhacken. Von Hand rasch zu einem Teig zusammenfügen. Zugedeckt 2 Stunden kalt stellen.

Den Teig zwischen Backpapier 5 Millimeter dick auswallen. Sterne oder andere Motive ausstechen und auf ein mit Backpapier belegtes Blech legen. In der Mitte des vorgeheizten Backofens bei 175 Grad 12 bis 15 Minuten backen. Puderzucker und Zitrussaft glatt rühren. Die noch warmen Guetsli damit bestreichen.

42

Schoggi-Gipfeli

Der süsse Gipfel

Die Butter weich und glatt rühren, Puderzucker, Marzipan und Eier beifügen. So lange rühren, bis die Masse hell wird und die Marzipanstückchen sich aufgelöst haben. Salz, Kakaopulver und Mehl mischen, dazusieben. Von Hand rasch zu einem Teig zusammenfügen. In einen Spritzbeutel mit gezackter Tülle füllen. Gipfeli auf ein mit Backpapier belegtes Blech spritzen. In der Mitte des vorgeheizten Backofens bei 150 Grad 12 bis 15 Minuten backen.

Die Konfitüre erwärmen und die Unterseite der Gipfeli damit bestreichen. Jeweils zwei zusammensetzen. Die Couvertüre im warmen Wasserbad schmelzen. Die Enden der Gipfeli in die flüssige Schokolade tauchen. Auf Backpapier trocknen lassen.

Für etwa 35 Stück

Teig:
250 g Butter, zimmerwarm
50 g Puderzucker
300 g Backmarzipan, gerieben
2 Eier, verquirlt
1 Prise Salz
25 g Kakaopulver, ungezuckert
275 g Mehl

Füllung:
etwa 200 g Aprikosen- oder Himbeerkonfitüre

Verzierung:
100 g helle Couvertüre, grob zerkleinert

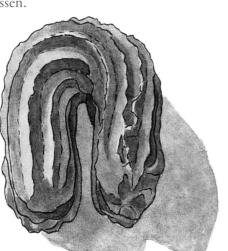

 Backmarzipan oder Mandelmasse ist aus gleichen Teilen Mandeln und Zucker hergestellt und fürs Backen geeignet. Farbiger Marzipan mit höherem Zuckergehalt nur zum Dekorieren und Modellieren verwenden.

Arrak-Guetsli

Düfte aus dem Morgenland

Für etwa 50 Stück

Teig:
125 g Butter, zimmerwarm
60 g Zucker
2 Eigelb
1 Prise Salz
1 Esslöffel Arrak (Likör)
250 g Mehl

Verzierung:
1 Eigelb
25 g Mandelblättchen, gehackt
30 g Hagelzucker

Butter weich und glatt rühren. Zucker, Eigelb, Salz und Arrak beifügen, rühren, bis die Masse hell wird. Mehl dazusieben, von Hand rasch zu einem Teig zusammenfügen. Zugedeckt 1 Stunde kalt stellen.

Den Teig zwischen Backpapier 5 Millimeter dick auswallen. Gezackte Vierecke oder Sterne ausstechen und auf ein mit Backpapier belegtes Blech legen. Mit Eigelb bestreichen und mit Mandeln und Hagelzucker bestreuen. In der Mitte des vorgeheizten Backofens bei 200 Grad 8 bis 10 Minuten backen.

Arrak ist aus Palmblättern und Reis hergestellt. Die Herkunft ist unterschiedlich, meistens stammt er aus dem asiatischen Raum, teilweise auch aus arabischen Ländern. Sein Geschmack ist fruchtig und erinnert an kandierte Kirschen.

Piemonteser

Piemont, wo die besten Haselnüsse wachsen

Mehl, Puderzucker, Salz, Zitronenschale und Butter mit einem grossen Messer feinkrümelig durchhacken. Eigelb dazugeben, von Hand rasch zu einem Teig zusammenfügen. Zugedeckt 1 Stunde kalt stellen.

Zucker und Wasser bei kleiner Hitze köcheln, bis ein hellbrauner Caramel entsteht. Haselnüsse beifügen, kurz mitrösten. Sofort auf ein Backpapier geben und immer drei Nüsse zu einem Dreieck zusammensetzen.

Den Teig zwischen Backpapier 5 Millimeter dick auswallen. Kreise mit 4 Zentimeter Durchmesser ausstechen. Auf ein mit Backpapier belegtes Blech setzen. In der Mitte des vorgeheizten Backofens bei 175 Grad 10 bis 12 Minuten backen. Die Couvertüre im warmen Wasserbad schmelzen. Kreise damit bepinseln, Haselnüsse auf die noch feuchte Glasur setzen, trocknen lassen.

Für etwa 50 Stück

Teig:
200 g Mehl
75 g Puderzucker
1 Prise Salz
1 unbehandelte Zitrone, Schale
100 g kalte Butter, gewürfelt
1 Eigelb

Garnitur:
200 g ganze Haselnüsse, geröstet
150 g Zucker
1 dl Wasser
150 g helle Couvertüre, grob zerkleinert

Haselnüsse rösten ist einfach: Auf einem Blech im 200 Grad heissen Backofen bräunen, bis die Häutchen platzen. Zwischen den Händen oder einem Tuch reiben, um die Häutchen zu entfenen.

Griessmakrönli

Aus einem alten schwäbischen Kochbuch

Für etwa 60 Stück

Teig:
4 Eiweiss
250 g Zucker
250 g Mandeln (mit Schale), gemahlen
125 g Hartweizengriess
1 Teelöffel Zitronensaft

Garnitur:
50 g Mandelsplitter

Das Eiweiss steif schlagen. Zucker einrieseln lassen, weiterschlagen, bis die Masse glänzt und feste Spitzen bildet. Mandeln, Griess und Zitronensaft locker daruntermischen und zu einem Teig zusammenfügen. Auf ein mit Backpapier belegtes Blech setzen. Mit zwei Teelöffeln längliche Nocken formen. Mit Mandelsplitter bestreuen. In der Mitte des vorgeheizten Backofens bei 175 Grad mit offener Dampfklappe 30 bis 35 Minuten backen.

Hartweizengriess wird aus Durum-Durum-Weizen hergestellt. Geeigneter wäre Weichweizengriess, der besser quillt und weicher ist. In der Schweiz ist er kaum erhältlich. In Deutschland oder Österreich finden Sie ihn bestimmt.

46

Pomeranzenbrötli

Für Leckmäuler in Stadt und Land

Eier, Eigelb, Salz und Zucker schaumig rühren. Kandierte Zitrusschalen und Zitronenschale beifügen. Mehl dazugeben, von Hand rasch zu einem Teig zusammenfügen. Zwei Rollen von 4 Zentimeter Durchmesser formen. Zugedeckt 1 Stunde kalt stellen.

Teigrollen in 5 Millimeter dicke Scheiben schneiden. Kleinfingerlange, daumendicke Röllchen formen. In genügend Abstand auf ein mit Backpapier belegtes Blech legen. Zitronat in feine Streifen schneiden. Quer über die Röllchen legen. In der Mitte des vorgeheizten Backofens bei 200 Grad 10 bis 15 Minuten backen. Mit Puderzucker bestäuben.

Für etwa 60 Stück

Teig:
2 Eier
2 Eigelb
1 Prise Salz
250 g Zucker
35 g Orangeat, fein gehackt
35 g Zitronat, fein gehackt
½ unbehandelte Zitrone, Schale
300–350 g Mehl

Verzierung:
30 g Zitronat am Stück
Puderzucker zum Bestäuben

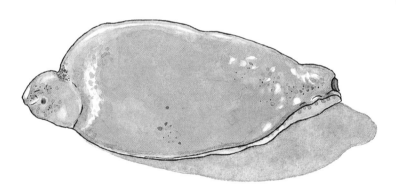

Die Bitterorangen heissen Pomeranzen. Ihre Schale ist auch kandiert erhältlich. Weil es nicht einfach ist, sie zu finden, sind die Brötli mit der kandierten Schale der süssen Orange zubereitet.

Zum Verschenken

Kapitel Nr. 4

Snowballs

Schneebällchen, zum Schmelzen gut

Für etwa 30 Stück

Teig:
400 g Kokosnuss, fein
gemahlen
1½ Esslöffel Maisstärke
175 g Zucker
25 g kalte Butter, gewürfelt
50 g Honig
1 Teelöffel Vanille-Essenz
¼ Teelöffel Salz
2 Eiweiss, verquirlt

Verzierung:
150 g dunkle Couvertüre,
grob zerkleinert

Kokosnuss und Maisstärke in einer Schüssel mischen. Zucker, Butter, Honig, Vanille-Essenz und Salz unter Rühren zum Kochen bringen. 10 Sekunden kochen lassen, im Faden zum Kokosnuss-Gemisch rühren. Nach und nach Eiweiss daruntermischen, bis der Teig zusammenhält. In die Pfanne zurückgeben, 30 Sekunden bei hoher Hitze rühren, anschliessend auskühlen lassen. Aus dem Teig baumnussgrosse Kugeln formen, in genügend Abstand auf ein mit Backpapier belegtes Blech setzen. In der Mitte des vorgeheizten Backofens bei 200 Grad 8 bis 10 Minuten backen. Auskühlen lassen. Die Couvertüre im warmen Wasserbad schmelzen. Flache Seite der Bällchen in die Schokolade tauchen, gut abstreifen. Auf einem Backpapier mit der Schokoladenseite nach oben trocknen lassen.

Gemahlene Kokosnuss kann sehr trocken sein. Vor allem, wenn sie zu lange gelagert wurde. Dann ist es besser, sie vor dem Verarbeiten zuerst im Dampf aufzuweichen.

Snowflakes

Schneeflöckchen, Weissröckchen.

Haferflocken mit Mehl, Ingwer und Ananas in einer Schüssel mischen. Butter, Zucker, Honig, Ingwer und Rum unter Rühren langsam aufkochen und 1 Minute köcheln lassen. Im Faden zum Haferflockengemisch giessen, rühren, bis die Zutaten vermischt sind. Aus dem Teig baumnussgrosse Häufchen in genügend grossem Abstand auf ein mit Backpapier belegtes Blech setzen. Mit dem Spachtel flach ausstreichen. In der Mitte des vorgeheizten Backofens bei 175 Grad 8 Minuten backen. Die Ränder sollen dunkler gebacken sein als die Mitte. Auf dem Blech so lange auskühlen lassen, bis die Snowflakes hart zu werden beginnen. Vorsichtig lösen und vollständig auskühlen lassen.

Für etwa 20 Stück

Teig:
125 g feine Haferflocken
50 g Mehl
50 g kandierter Ingwer, fein gehackt
50 g kandierte Ananasstückchen, fein gehackt
75 g kalte Butter, gewürfelt
75 g Rohzucker, gemahlen
50 g Honig
1 Teelöffel Ingwer, gemahlen
1 Teelöffel dunkler Rum

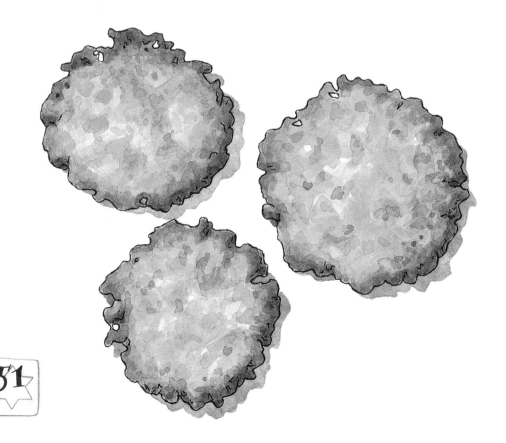

Fricktaler

Im Aargau sind zwöi Liebi...

Für etwa 25 Stück

Teig:
250 g Baumnüsse, grob
gehackt
250 g Puderzucker
1 Eiweiss
50 g Puderzucker
1 Ei
1 – 2 Esslöffel Nusslikör
oder Arrak (Likör)

Glasur:
2–3 Esslöffel Nusslikör oder
Arrak

Puderzucker zum Auswallen

Baumnüsse portionsweise mit Puderzucker durch die feinste Scheibe der Mandelmühle drehen oder im Blitzhacker fein mahlen. Eiweiss steif schlagen, Puderzucker dazusieben, weiterschlagen, bis die Masse glänzt und feste Spitzen bildet. Ei, Nusslikör oder Arrak und 2–3 Esslöffel Eischnee zur Nussmischung geben, von Hand rasch zu einem Teig zusammenfügen. Restlichen Eischnee zugedeckt für die Glasur beiseite stellen. Den Teig auf Puderzucker 1 Zentimeter dick auswallen. Kreise oder Herzchen mit 3 Zentimeter Durchmesser ausstechen und auf Backpapier setzen. Nusslikör oder Arrak unter den verbliebenen Eischnee rühren und die Guetsli damit glasieren. Über Nacht bei Zimmertemperatur antrocknen lassen. Am nächsten Tag in der Mitte des vorgeheizten Backofens bei 175 Grad 15 Minuten backen.

Kaffee-Nüssli

Da braucht es keinen Backofen.

Die Baumnüsse portionsweise mit Puderzucker durch die feinste Scheibe der Mandelmühle drehen oder im Blitzhacker fein mahlen. Kaffeepulver im heissen Wasser auflösen, zur Nussmischung geben, von Hand rasch zu einem Teig zusammenfügen. Den Teig auf Puderzucker 1 Zentimeter dick auswallen. Kreise oder Herzchen mit 3 Zentimeter Durchmesser ausstechen. Auf Backpapier setzen und über Nacht bei Zimmertemperatur antrocknen lassen.

Am nächsten Tag Puderzucker mit dem aufgelösten Kaffee glatt rühren. Tropfenweise Wasser dazugeben, bis die Glasur streichfähig wird. Die Guetsli damit bestreichen. Baumnüsse oder Moccabohnen auf die noch feuchte Glasur setzen. Vollständig trocknen lassen.

Für etwa 50 Stück

Teig:
350 g Baumnüsse, grob gehackt
350 g Puderzucker
4 Esslöffel sofortlöslicher Kaffee
2 Esslöffel heisses Wasser

Glasur:
150 g Puderzucker
2 Esslöffel sofortlöslicher Kaffee
2 Esslöffel heisses Wasser

Baumnüsse oder Moccabohnen zum Garnieren

Puderzucker zum Auswallen

Baumnüsse lassen sich besser mahlen, wenn sie ganz kalt sind: Vorher im Tiefkühler anfrieren lassen. Verwenden Sie für dieses Rezept die Baumnüsse der neuen Ernte.

Je feiner die Nüsse gemahlen werden, desto weniger Flüssigkeit muss man zusätzlich beifügen.

Küttenen-Läckerli

Fruchtig-süsse Läckerli und Würstchen,
von allen heiss begehrt

1,2 kg Quitten
2–3 Malvenblüten
625 g Zucker
½ unbehandelte Zitrone,
Schale und Saft

Kristallzucker zum Formen

Quitten mit einem Tuch abreiben, anschliessend waschen. Samt Schale und Kerngehäuse in Schnitze schneiden. Mit wenig Wasser und den Malvenblüten zugedeckt weich kochen. In eine Schüssel geben und über Nacht zugedeckt stehen lassen. Am anderen Tag Quitten in einem Sieb gut abtropfen lassen (Saft für Gelée weiterverwenden), dann durch ein Sieb streichen. 500 g Zucker mit wenig Wasser sirupartig einkochen. 500 g Quittenmus, Zitronenschale und -saft unter Rühren beifügen und bei kleiner Hitze 45 bis 50 Minuten einkochen lassen. Restliche 125 g Zucker beifügen und Fruchtmus heiss in kalt ausgespülte, mit Zucker ausge-streute Petit-fours-Förmchen füllen. Nach dem Erkalten herauslösen und im vorgeheizten Backofen bei 50 Grad 2 Stunden trocknen lassen. Oder Quittenmus in einem kalt ausgespülten Blech zentimeterdick ausstreichen. Im vor-geheizten Backofen bei 50 Grad 2 Stunden trocknen lassen. In Stücke schneiden oder Motive ausstechen und im Zucker wenden.
Zum Aufbewahren Quitten-Läckerli lagenweise mit Pergament- oder Backpapier in eine Blechdose schichten und kühl lagern.

1/4 der Quittenmenge durch saure Äpfel ersetzen.
Das Mitkochen der Malvenblüten, einer Handvoll Brombeeren oder Johannisbeeren färbt das Quittenmus schön rot.
Blech leicht einölen, mit gerösteten Mandelblättchen ausstreuen und Quittenmus darauf ausstreichen.

Über die Grenzen

Kapitel Nr. 5

Christspringerl

Ein deutsches Rezept mit Nelken, Zimt und Honig

Für etwa 40 Stück

Teig:
125 g Zucker
250 g Honig
3 Esslöffel dunkler Rum
½ Teelöffel Nelken, gemahlen
½ Teelöffel Zimt, gemahlen
½ unbehandelte Zitrone, Schale
300–350 g Mehl

Mehl zum Auswallen

Glasur:
125 Kochschokolade, gerieben
1 Esslöffel warmes Wasser
125 g Zucker

Zucker und Honig unter Rühren langsam aufkochen. Sobald die Masse in der Pfanne steigt, Rum, Gewürze und Zitronenschale beifügen. Anschliessend auskühlen lassen. Mehl dazusieben, daruntermischen und von Hand rasch zu einem Teig zusammenfügen. 24 Stunden an einem kühlen Ort zugedeckt ruhen lassen.

Den Teig kräftig durchkneten. Auf Mehl 4 bis 5 Millimeter dick auswallen. Verschiedene Motive ausstechen, auf ein mit Backpapier belegtes Blech legen. In der Mitte des vorgeheizten Backofens bei 175 Grad 10 bis 15 Minuten backen. Schokolade mit Wasser bei kleiner Hitze unter Rühren schmelzen. Zucker einrieseln lassen, weiterrühren, bis die Glasur schön glänzt und Fäden zieht. Christspringerl dick damit bepinseln und trocknen lassen.

Ungekochte Glasur: Schokolade im warmen Wasserbad schmelzen, Zucker einrieseln lassen, weiterrühren. 1 steifgeschlagenes Eiweiss beifügen und 5 Minuten weiterrühren.

Honigkuchen

*Die kleinen und feinen Lebkuchen mit dem
lieblichen Namen Thorner Kathrinchen*

Honig und Butter unter Rühren langsam erhitzen. Einmal aufschäumen, dann abkühlen lassen. Hirschhornsalz mit Milch verrühren, mit den Gewürzen, Zitronat und Mehl zur Honigmasse geben. Von Hand rasch zu einem Teig zusammenfügen. Zugedeckt über Nacht im Kühlschrank ruhen lassen.

Den Teig zwischen Backpapier 5 Millimeter dick auswallen. Mit einem runden oder Kleeblatt-Ausstecher (4 bis 5 Zentimeter Durchmesser) Guetsli ausstechen. Mit Wasser bepinseln, mit einer halben Mandel oder Haselnuss belegen. In der Mitte des vorgeheizten Backofens bei 200 Grad 8 bis 10 Minuten backen.

Für etwa 40 Stück

Teig:
250 g Honig
50 g Butter, zimmerwarm
1 Messerspitze
Hirschhornsalz
1 Esslöffel Milch
1 Teelöffel Zimt, gemahlen
¼ Teelöffel Nelken,
gemahlen
¼ Teelöffel Kardamom,
gemahlen
25 g Zitronat, fein gehackt
250–300 g Mehl

Verzierung:
50 g kleine Mandeln oder
Haselnüsse

🥨 *Honig mit Rohzucker im Verhältnis 1:1 mischen.*
🥨🥨 *Kardamomkapseln öffnen, die schwarzen Samen herausschaben und diese im Blitzhacker mahlen.*
🥨🥨🥨 *Anstelle von Hirschhornsalz 1/2 Teelöffel Backpulver verwenden.*

Madeleines

Das Werk der petite Boulangère

Für etwa 12 Stück

Teig:
85 g Pistazien
150 g Puderzucker
60 g Mehl
1 Esslöffel Aprikosen-
konfitüre
¼ Teelöffel Vanillepulver
2 Eiweiss, verquirlt
100 g flüssige Butter,
ausgekühlt

wenig Mehl

wenig Puderzucker zum
Bestäuben

Pistazien auf einem Blech verteilen und 2 bis 3 Minuten in der Mitte des vorgeheizten Backofens bei 225 Grad leicht rösten. Auskühlen lassen. Portionsweise mit dem Puderzucker im Blitzhacker fein mahlen. Mehl, Aprikosenkonfitüre, Vanillepulver und Eiweiss nach und nach beifügen. 1 Esslöffel Butter beiseite stellen, die restliche Butter locker unter den Teig mischen.

Ofentemperatur auf 200 Grad reduzieren. Muschel- oder Madeleine-Förmchen bebuttern und bemehlen. Den Teig in die Vertiefungen verteilen. Im unteren Teil des vorgeheizten Backofens 12 bis 15 Minuten backen. Leicht auskühlen lassen, mit Puderzucker bestäuben.

Anstelle der Pistazien geschälte Mandeln verwenden.

Nombrils de Dame

Die kleine Verführung

Mehl, Mandeln, Puderzucker, Salz und Butter mit einem grossen Messer feinkrümelig durchhacken. Von Hand rasch zu einem Teig zusammenfügen. Zugedeckt 1 Stunde kalt stellen. Den Teig portionsweise zwischen Backpapier 1 Zentimeter dick auswallen. Kreise mit 4 Zentimeter Durchmesser ausstechen. Auf ein mit Backpapier belegtes Blech legen. Mit Milch bestreichen und je eine Sultanine in die Mitte drücken. Vor dem Backen nochmals kalt stellen. In der Mitte des vorgeheizten Backofens bei 175 Grad 12 bis 15 Minuten backen. Auf dem Blech auskühlen lassen.

Für etwa 30 Stück

250 g Mehl
100 g geschälte Mandeln, fein gemahlen
75 g Puderzucker
1 Prise Salz
225 g kalte Butter, gewürfelt

Verzierung:
Milch zum Bestreichen
30 g Sultaninen

 Anstelle der Sultanine eine halbe geschälte Mandel in die Mitte drücken.

Cavallucci

So will es ein sienesischer Weihnachtsbrauch:
Essen Sie zwei Cavallucci
und ein Stück Panforte (Pfefferkuchen)

Für etwa 30 Stück

Teig:
1 dl Wasser
250 g Zucker
50 g Orangeat, fein gehackt
50 g Baumnüsse, geröstet,
fein gehackt
1 Teelöffel Anissamen
1 Teelöffel Koriander,
gemahlen
½ Teelöffel Zimt, gemahlen
½ Teelöffel Nelken,
gemahlen
1 Messerspitze weisser
Pfeffer, gemahlen
½ Teelöffel Backpulver
350 g Mehl

Wasser und Zucker unter Rühren langsam erhitzen. Einmal aufkochen lassen, dann die Pfanne von der heissen Herdplatte ziehen. Sofort Orangeat, Baumnüsse, Gewürze, Backpulver und Mehl dazugeben, mischen und von Hand zu einem Teig zusammenfügen. Noch warm zu einer Rolle von 2 Zentimeter Durchmesser formen, etwas flach drükken. Anschliessend die Rolle der Länge nach halbieren und in 4 Zentimeter lange Stücke schneiden. Mit der Schnittfläche nach oben auf ein mit Backpapier belegtes Blech legen. Mit dem Daumen eine Vertiefung eindrücken (wie ein Pferdefuss-Abdruck!). Cavallucci in der Mitte des vorgeheizten Backofens bei 175 Grad 20 bis 30 Minuten backen. Sie sollen hell bleiben.

Baumnüsse durch 100 g geröstete, fein gehackte Haselnüsse ersetzen.

Sobald die Cavallucci abgekühlt sind, werden sie hart. Genau richtig, um in Vin Santo getaucht zu werden.

Den Teig 1 Zentimeter dick auswallen und Rhomben ausstechen oder ausschneiden.

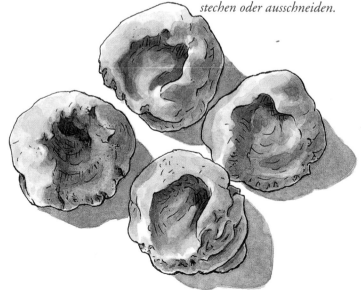

Baci di Dama

Ein Küsschen in Ehren.

Mandeln mit Zucker durch die feinste Scheibe der Mandelmühle drehen oder im Blitzhacker fein mahlen. Mit Mehl in einer Schüssel mischen, in der Mitte eine Vertiefung eindrücken. Butter und Nusslikör hineingiessen und von Hand rasch zu einem Teig zusammenfügen. Zugedeckt 1 Stunde kalt stellen. Aus dem Teig baumnussgrosse Kugeln formen. In genügend grossem Abstand auf ein mit Backpapier belegtes Blech setzen, mit einem bemehlten Spachtel oder Messer flach drücken. In der Mitte des vorgeheizten Backofens bei 200 Grad 10 Minuten backen. Couvertüre im warmen Wasserbad schmelzen. Unterseite der Guetsli damit bestreichen und jeweils zwei zusammensetzen.

Für etwa 40 Stück

Teig:
250 g geschälte Mandeln, gemahlen
250 g Zucker
250 g Mehl
250 g flüssige Butter, ausgekühlt
2 Esslöffel Nusslikör (Ratafia)

Verzierung:
75 g dunkle Couvertüre, grob zerkleinert

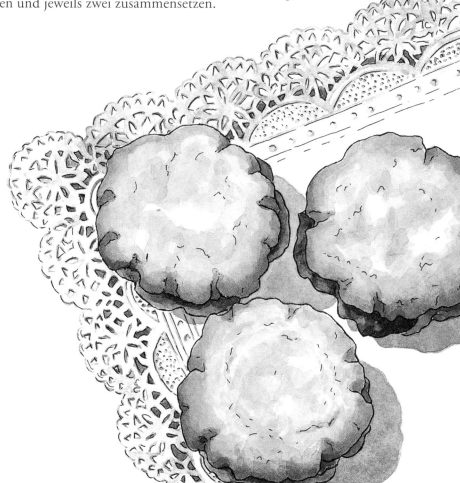

63

Vanillekipferl

Das i-Tupferl auf dem Weihnachtsteller

Für etwa 60 Stück

Teig:
250 g Mehl
80 g geschälte Mandeln,
fein gemahlen
80 g Zucker
1½ Vanillestengel,
aufgeschlitzt
1 Prise Salz
180 g kalte Butter,
gewürfelt
1 Eigelb

Zum Wenden:
10 Esslöffel Puderzucker
2 Päckchen Vanillinzucker

Mehl, Mandeln, Zucker, ausgekratztes Vanillemark, Salz und Butter in einer Schüssel mischen. Mit einem grossen Messer feinkrümelig durchhacken. Eigelb dazugeben, von Hand rasch zu einem Teig zusammenfügen. Zugedeckt 1 Stunde kalt stellen. Aus dem Teig fingerdicke Rollen formen. Diese einzeln zu ca. 6 cm langen bleistiftdicken Röllchen drehen und zu Hörnchen formen. Auf ein mit Backpapier belegtes Blech legen und wenn möglich nochmals kalt stellen. Anschliessend in der Mitte des vorgeheizten Backofens bei 200 Grad 7 Minuten backen. Puderzucker mit Vanillinzucker mischen, die leicht ausgekühlten, aber noch warmen Kipferl darin wenden.

Die Mandeln durch gemahlene Haselnüsse oder Baumnüsse ersetzen.

Kipferl nur mit Kakaopulver bestäuben oder die Spitzen der Kipferl in geschmolzene Couvertüre tauchen.

Wenn der Teig nicht richtig zusammenhält, zusätzlich 1 Eigelb beifügen.

Schokobrezeln

Wo zwei sich finden,
Vanille und Schokolade

In einer Schüssel Mehl, Zucker, ausgekratztes Vanille-mark, Salz und Butter mischen. Mit einem grossen Messer feinkrümelig durchhacken. Ei beifügen und von Hand rasch zu einem Teig zusammenfügen. Zwei Rollen von 3 Zentimeter Durchmesser formen. Zugedeckt 1 Stunde kalt stellen. Teigrollen in 1 Zentimeter dicke Scheiben schneiden. Diese zu kleinen, dünnen Röllchen formen, dann zu Brezeln verschlingen. Auf ein mit Backpapier belegtes Blech legen und wenn möglich nochmals kalt stellen. Anschliessend in der Mitte des vorgeheizten Backofens bei 175 Grad 12 bis 15 Minuten backen. Couvertüre im warmen Wasserbad schmelzen. Ausgekühlte Brezeln hineintauchen und trocknen lassen.

Für etwa 40 Stück

Teig:
250 g Mehl
100 g Zucker
1 Vanillestengel,
aufgeschlitzt
1 Prise Salz
125 g kalte Butter,
gewürfelt
1 Ei, verquirlt

Glasur:
150 g dunkle Couvertüre,
grob zerkleinert

Panelleto

*Beliebtes Pinienkonfekt aus Katalanien.
An Allerheiligen in allen Konditoreien zu finden*

Für etwa 40 Stück

Teig:
250 g Zucker
4 Esslöffel Wasser
½ Teelöffel Zitronensaft
250 g geschälte Mandeln,
fein gemahlen
1 kleines Ei, verquirlt
1½ Teelöffel Vanillinzucker

Verzierung:
2–3 Esslöffel Kristallzucker
1 Eiweiss, verquirlt
50 g Pinienkerne
1 Eigelb

Zucker, Wasser und Zitronensaft bei kleiner Hitze köcheln, bis ein dickflüssiger, honiggelber Sirup entsteht. Pfanne von der heissen Herdplatte ziehen und Sirup auf Handwärme auskühlen lassen. Mandeln, Ei und Vanillinzucker dazugeben und zu einem Teig zusammenfügen. Auskühlen lassen.

Aus der Teigmasse baumnussgrosse Kugeln formen. Im Zucker wenden, mit Eiweiss bepinseln, anschliessend mit Pinienkernen garnieren, gut andrücken, damit sie haften bleiben. Mit Eigelb bestreichen, auf ein mit Backpapier belegtes Blech setzen. In der Mitte des vorgeheizten Backofens bei 175 Grad 10 bis 12 Minuten backen.

Anstelle von Zitronensaft Cremor Tartari (in der Apotheke auch als Weinstein erhältlich) verwenden. Ist weniger sauer.
In Blechdosen verpackt sind die Panelleto 3 bis 4 Wochen haltbar.

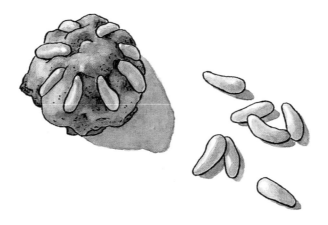

66

Shortbread

Das kurze Vergnügen

Mehl, Reismehl, Puderzucker, Salz und Butter mit einem grossen Messer feinkrümelig durchhacken. Von Hand rasch zu einem geschmeidigen Teig zusammenfügen. Kalt stellen.

Den Teig 1 Zentimeter dick rund auswallen. Den Rand mit dem Daumen regelmässig eindrücken. Die Mitte des Kreises mit einer Gabel mehrmals einstechen. Auf ein mit Backpapier belegtes Blech setzen. In der Mitte des vorgeheizten Backofens bei 150 Grad 45 Minuten backen. Noch warm in 8 Stücke schneiden.

Für etwa 8 Stück

Teig:
150 g Mehl
60 g Reismehl
60 g Puderzucker
1 Prise Salz
175 g kalte Butter,
gewürfelt

Schmeckt am besten frisch aus dem Backofen .

In letzter Minute

Kapitel Nr. 6

Zuckerbäumchen

Wenn Weihnachten vor der Türe steht…

Für etwa 12 Bäumchen

12 Glace-Cornets
(aus Brezeli-Teig)

Glasur:
250 g Puderzucker
1 kleines Eiweiss, verquirlt
einige Tropfen Zitronensaft
Wasser

Verzierung:
Zuckerblümchen
Silberkügelchen
Non-pareilles (Liebesperlen)
in allen Farben

Für die Glasur den Puderzucker mit Eiweiss und Zitronensaft verrühren. Das Wasser tropfenweise beifügen, rühren, bis eine dicke, zähflüssige Creme entsteht. Zum Verzieren ein Cornet auf einen Salzstreuer oder Ähnlichem setzen. Dick mit der Glasur bestreichen und die Verzierung sofort hineindrücken. Ein Cornet nach dem anderen verzieren, weil die Glasur sehr schnell trocknet. Sie muss während dem Verzieren auch immer wieder bedeckt werden. Falls sie zu dick wird, mit einigen Tropfen Wasser geschmeidig rühren.

Die Cornets vor dem Glasieren mit einem Band versehen, damit man sie an den Weihnachtsbaum hängen kann.
Anstelle der Zuckerwaren kandierte Früchte, Krachmandeln, Popcorn oder kleine Guetsli in die Glasur setzen.

Holländerli

Schwarzweisse Bäckerkunst

Teige zwischen Backpapier zu zwei gleichgrossen Rechtecken auswallen.

Spiralen: Teige 2 Millimeter dick auswallen. Aufeinanderlegen, aufrollen und kalt stellen. Anschliessend in 3 Millimeter dicke Scheiben schneiden. Auf ein mit Backpapier belegtes Blech legen. In der Mitte des vorgeheizten Backofens bei 200 Grad 7 bis 9 Minuten backen.

Doppelherz: Teige 4 Millimeter dick auswallen. Gleichviel Herzen in einer Grösse ausstechen. Ein kleineres Herz in der Mitte der grossen Herzen ausstechen und jeweils ein andersfarbiges Herz wieder einsetzen. Backen wie oben beschrieben.

Zebrastreifen: Teige 5 Millimeter dick auswallen. In je drei gleichgrosse Teile schneiden. Abwechselnd ein helles und ein dunkles Teigstück aufeinanderlegen. Kalt stellen. Anschliessend in Scheiben schneiden. Backen wie oben beschrieben.

Für etwa 60 Stück

250 g Brunsliteig,
fertig gekauft
250 g Mailänderliteig,
fertig gekauft

Die Teigrechtecke mit verquirltem Eiweiss bestreichen, damit sie besser kleben.

Puff Angels

Vom Himmel hoch, da komm ich her…

Für etwa 9 Stück

Teig:
500 g Blätterteig
250 g Kristallzucker

Eine kühle Arbeitsfläche (Marmor) mit 75 g Zucker bestreuen, Blätterteig darauflegen und 3 Millimeter dick, rechteckig (30 mal 40 Zentimeter) auswallen. Während dem Auswallen immer wieder mit Zucker bestreuen. Mit einem scharfen Messer in vier gleichgrosse Rechtecke schneiden. Die beiden Breitseiten eines der Rechtecke zweimal gegen die Mitte zu einschlagen wie für Prussiens. Dabei immer wieder mit Zucker bestreuen. Die beiden Teile aufeinanderlegen und leicht festdrücken. 20 Minuten kalt stellen. Aus dem restlichen Teig Engel ausstechen, auf ein mit Backpapier belegtes Blech legen, Zucker darüberstreuen und mit einer Gabel mehrmals einstechen. Aus dem gefalteten Teig 4 Millimeter dicke Scheiben schneiden. Mit der Schnittfläche nach oben als Flügel zwischen Arm und Kopf der Engel einsetzen. Leicht andrücken. Nochmals kalt stellen. Engel in der Mitte des vorgeheizten Backofens bei 225 Grad 12 bis 15 Minuten backen.

Die Engel eine Woche im voraus formen, auf Backpapier einfrieren. Am Weihnachtsmorgen gefroren in den 250 Grad heissen Ofen schieben. Temperatur auf 225 Grad reduzieren und backen wie oben beschrieben.

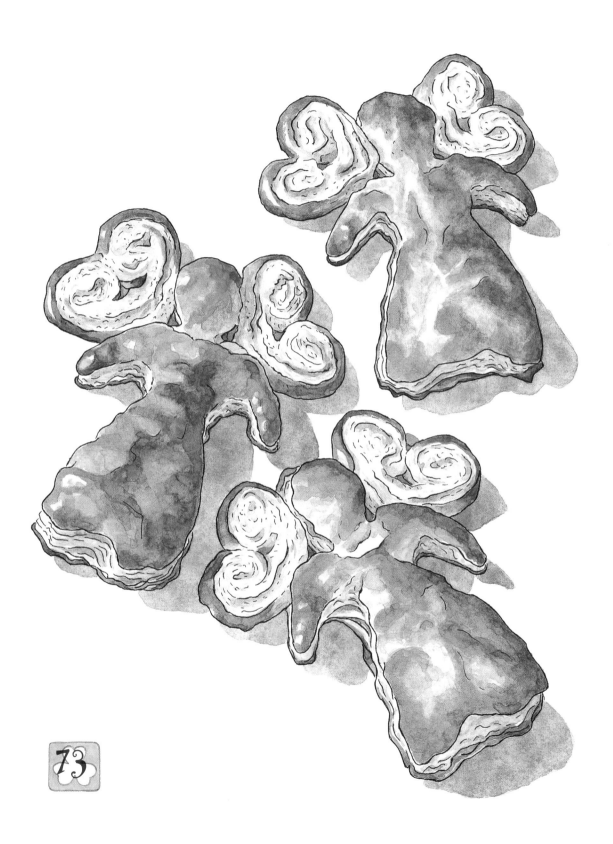

Harlekin

Bunt und verspielt wie der Name sagt

Für etwa 40 Stück

Teig:
500 g Mailänderliteig

Füllung:
150 g Himbeerkonfitüre
oder -gelée

Verzierung:
3 Eigelb
75 g Zucker
30 g Rosinen
30 g Mandelstifte
15 g Zitronat, fein gewürfelt
15 g Orangeat,
fein gewürfelt
15 g Pistazien,
fein geschnitten

Mailänderliteig dritteln. Zwischen Backpapier je 3 Millimeter dick rechteckig auswallen. Auf Backpapier legen, mit einer Gabel dicht einstechen und vor dem Backen wenn möglich kalt stellen. Nacheinander in der Mitte des vorgeheizten Backofens bei 175 Grad 12 bis 15 Minuten backen. Auskühlen lassen. Konfitüre oder Gelée glatt rühren. Zwei Teigböden bestreichen, aufeinanderlegen, mit dem unbestrichenen bedecken. Auf ein mit Backpapier belegtes Blech setzen.

Für die Verzierung Eigelb und Zucker schaumig rühren. Mit dem Spachtel auf dem Teig verteilen. Die restlichen Zutaten darüberstreuen. In der Mitte des vorgeheizten Backofens bei 75 Grad mit offener Dampfklappe 30 Minuten trocknen lassen. Noch warm in kleine Rechtecke schneiden.

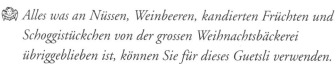

Alles was an Nüssen, Weinbeeren, kandierten Früchten und Schoggistückchen von der grossen Weihnachtsbäckerei übriggeblieben ist, können Sie für dieses Guetsli verwenden.

Konfetti-Mandeln

Farbige Glücksbringer

n einer Chromstahlpfanne Mandeln, Zucker, Eiweiss und Zitronensaft unter Rühren langsam erwärmen, bis die Masse nicht mehr klebt. Auskühlen lassen. Von Hand kleine Mandeln formen. Auf ein mit Backpapier belegtes Blech setzen und in der Mitte des vorgeheizten Backofens bei 125 Grad mit offener Dampfklappe 1 Stunde eher trocknen als backen. Auskühlen lassen.

Für die Glasur Puderzucker mit Zitronensaft glatt rühren. In vier Schälchen verteilen. Mit einigen Tropfen Lebensmittelfarbe verschieden einfärben. Die Mandeln damit überziehen und auf Backpapier trocknen lassen.

Für etwa 80 Stück

Teig:
250 g Mandeln, geschält, fein gemahlen
250 g Kristallzucker
2 Eiweiss, verquirlt
½ Teelöffel Zitronensaft

Glasur:
250 g Puderzucker
1–1½ dl Zitronensaft
Lebensmittelfarbe

Tips und Tricks

Auswallen: Butterteig am besten zwischen Backpapier; Makrönliteig auf Puderzucker oder ebenfalls zwischen Papier.

Butter: Rührteig mit zimmerwarmer, Mürbeteige mit kalter Butter zubereiten; Butterteig portionsweise auswallen, vor und nach dem Ausstechen kalt stellen. Guetsli bleiben so gestochen scharf.

Cellophansäckli: Gibt's in allen Grössen. Das Material ist geschmacksneutral und nahezu luftdicht. Oder aus Geschenkpapier selber formen (siehe S.54).
Couvertüre: Enthält den höheren Anteil Kakaobutter. Für Glasuren gut geeignet, weil sie schön glänzt.

Dekorieren: Glasur oder flüssige Schokolade in kleine Spritztütchen aus Backpapier oder in kleine Plastikbeutel füllen.

Eiergrösse: Die Rezepte sind mit frischen Eiern zwischen 55g und 65 g zubereitet.

Fester Eischnee: Je länger Sie ihn mit Zucker schlagen, desto fester und trockener wird er in der Konsistenz. Mit der Küchenmaschine geht's wie von alleine.

Glanz für Lebkuchen: Vor und während des Backens mit Milch oder sofort nach dem Backen mit Kaffeerahm oder ungezuckerter Kondensmilch bepinseln; mit Gummi Arabicum (Pulver, Knollen oder flüssig) bekommen Lebkuchen die typisch glänzende Oberfläche, die leicht klebrig ist.

Helfer: Die Teighexen oder -hölzli helfen Ihnen den Teig gleichmässig dick auszuwallen.

Ingwer: kandiert, in Sirup eingelegt, getrocknete Wurzel oder gemahlen; gibt Guetsli einen leicht säuerlich-prickelnden Geschmack.

Klebriger Teig: Vor dem Ausstechen Guetsliförmchen in Zucker tauchen.

Liebesperlen: Non-pareilles, die unvergleichlichen Zuckerperlen zum Verzieren.

Massangaben: Esslöffel und Teelöffel immer gestrichen voll verwenden.

November: Für würzige Honig- und Lebkuchen Teig 6–8 Wochen vor Weihnachten ohne Triebmittel zubereiten, im Plastikbeutel kühl lagern. Vor dem Backen Triebmittel mit etwas Milch glatt rühren und unter den Teig kneten.

Organisation: Vor dem Backen alle Zutaten bereitstellen. Backofen rechtzeitig vorheizen; Blech mit Backpapier belegen.

Puderzucker: Wenn er bröckelig ist, vorher durchsieben.

Quitten: Gibt's nur kurze Zeit. Von Oktober bis Ende November.

Richtig auskühlen: Guetsli nach dem Backen auf dem Kuchengitter vollständig erkalten lassen und erst dann lagenweise mit Backpapier in Blechdosen verpacken.

Schaumig rühren: Lohnt sich, denn wenn Sie Butter, Zucker und Eier so lange rühren, bis die Zuckerkristalle sich aufgelöst haben, werden die Guetsli fein und richtig mürbe.

Tiefkühlen: Butterteig können Sie problemlos im voraus zubereiten und tiefkühlen; über Nacht im Kühlschrank auftauen. Eiweissteig wird durchs Tiefkühlen klebrig; Butterguetsli ohne Glasur und Verzierungen einfrieren; Makrönli und Lebkuchen können nicht tiefgekühlt werden.

Vanille: Aufgeschlitzte Vanilleschoten im Zucker, auch Rohzucker, aufbewahren.

Weihnachten: Schnell geschmückt ist der Baum mit Anisringli oder -brötli, roten Weihnachtsäpfeln und Baumnüssen mit Glimmer. Und als Spitze ein Zucker-Bäumchen.

X-mas: Happy Christmas!

Zeit sparen: Immer mit zwei Blechen arbeiten – während ein Blech mit Guetsli im Backofen ist, können Sie das nächste belegen.
Zimt: ist nicht gleich Zimt: Je heller in der Farbe, desto kräftiger im Geschmack.